Diana Katherine Palacios Ballén

Radio Escolar: Estrategia educomunicativa para la convivencia

Diana Katherine Palacios Ballén

Radio Escolar: Estrategia educomunicativa para la convivencia

fortalecimiento de procesos comunicativos en jóvenes adolescentes

Editorial Académica Española

Imprint
Any brand names and product names mentioned in this book are subject to trademark, brand or patent protection and are trademarks or registered trademarks of their respective holders. The use of brand names, product names, common names, trade names, product descriptions etc. even without a particular marking in this work is in no way to be construed to mean that such names may be regarded as unrestricted in respect of trademark and brand protection legislation and could thus be used by anyone.

Cover image: www.ingimage.com

Publisher:
Editorial Académica Española
is a trademark of
International Book Market Service Ltd., member of OmniScriptum Publishing Group
17 Meldrum Street, Beau Bassin 71504, Mauritius

Printed at: see last page
ISBN: 978-620-2-15920-3

RADIO ESCOLAR: ESTRATEGIA EDUCOMUNICATIVA PARA LA CONVIVENCIA

Diana Katherine Isabel Palacios Ballén

Reconocimientos

En agradecimiento a Dios, a mi Padre y a mi Madre, a las coordinadoras del Observatorio de Medios escolares: Profesora Elssy Moreno y Profesora Ibeth Molina, a Javier Abril, asistente en esta investigación, y a los integrantes de CEDAN JMT BAJO CERO, en espera que está experiencia impulse a muchos estudiantes y educadores a apostar por la educomunicación en sus proyectos de aula.

En homenaje a la profesora Martha Bernal, quien me transmitió su alegría para trabajar desde la comunicación en el desarrollo de líderes y procesos de cambio social. Al Profesor Jorge Huergo, quien fortaleció la investigación en educomunicación en Latinoamérica.

Contenido

Resumen

El actual documento expone la investigación realizada en busca del fortalecimiento de los procesos comunicativos de la emisora escolar en la Institución Educativa Antonio Nariño, esta experiencia está adscrita al Observatorio de Medios Escolares de la Universidad Minuto de Dios. En este artículo se apuesta por el trabajo con los agentes sociales implicados para potenciar este medio de comunicación como instrumento de formación ciudadana. En este proceso se apostó por la relación comunicación-educación, y su importancia en procesos culturales y ciudadanos.

La aproximación a la relación antes mencionada, implico realizar talleres de formación, una campaña de sensibilización con gran impacto en el ámbito escolar y la recolección de memorias con el ánimo de reconstruir no sólo la historia de la emisora, sino validar la misión y la trascendencia que ha tenido en la institución educativa a través de los años.
Como resultado de este proceso se logró que los jóvenes vinculados a la emisora se constituyeran como protagonistas sociales, generando nuevos aprendizajes y conocimientos que fortalecieron y transformaron su ámbito educativo.

Palabras clave: Comunicación, educación, ciudadanía, radio escolar, participación, comunicación para la convivencia, experiencias de comunicación en entornos escolares.

Hoja de ruta

Esta iniciativa surge desde la vinculación como auxiliar de investigación al semillero del Observatorio de Medios Escolares de la Facultad de Ciencias de la Comunicación establecido con "el ánimo de generar procesos de investigación en torno a las diversas prácticas, procesos pedagógicos y comunicativos que reconozcan a los medios escolares de comunicación como una herramienta para potenciar las condiciones de desarrollo tanto de las instituciones educativas como de los contextos y agentes que las configuran"(Molina, Moreno 2010, p. 39). Dado el interés por la relación entre comunicación y educación que nace de experiencias previas de trabajo en radio escolar en otros colegios, inició este proceso investigativo.

La investigación relacionada en este artículo tuvo lugar en la Institución Educativa Distrital Antonio Nariño, ubicada en la localidad de Engativá (Bogotá-Colombia). Este colegio fue elegido porque dirige su Proyecto Educativo Institucional –PEI- en torno a:
"Desarrollar procesos educativos que conlleven a la formación integral del estudiante, hacia el aspecto humanístico, científico, tecnológico y artístico, para que sea una persona activa, participativa, creativa, analítica y transformadora de su propia vida y de la sociedad colombiana" (PEI, IED Antonio Nariño, 2005).
El colegio cuenta con una emisora escolar, conocida como CEDAN JMT, creada hace veinte años, a cargo de un grupo de estudiantes con edades que oscilan entre los 13 y 18 años, la emisora es dirigida en la jornada de la mañana por la profesora de inglés, Esperanza Aranguren

y en la jornada de la tarde por la profesora de pre-escolar, Carmen Prada.

Por tanto, el proyecto educativo institucional tiene un componente propicio para trabajar en pro del cambio social y la comunicación participativa con los jóvenes.

A pesar de que la emisora ha sido reconocida en espacios locales y distritales, no era tenida en cuenta por los estudiantes en sus emisiones diarias, pues su misión se había limitado a transmitir música para ambientar los descansos y difundir algunos mensajes institucionales.

La dinámica de la emisora, consistía en dar capacitación radiofónica a los jóvenes que voluntariamente se postulaban para ser parte del proyecto, se reunían los sábados en la mañana, en las instalaciones del colegio en horario extraescolar, en este espacio, se capacitaban sobre el uso de equipos y se definía el cronograma semanal por grupos de 3 estudiantes; distribuyendo los turnos al aire, basándose en una parrilla de programación con temas en torno a farándula o música pero faltaba interacción de la emisora con el entorno, con la realidad escolar, impidiendo que el espacio fuera aprovechado para transformar problemáticas del colegio como la falta de pertenencia hacia la institución, las peleas entre estudiantes, e incluso destacar las fortalezas, como comunicar los logros obtenidos en otros proyectos alternos, destacar los logros de estudiantes fuera de la academia como su participación en eventos deportivos e incluso inspirar a los estudiantes con los triunfos obtenidos por los estudiantes egresados, entre otras situaciones.

A partir de un diagnóstico participativo que permitió determinar el punto de vista de los estudiantes y profesores sobre la misión de la emisora en el colegio, se definió como objetivo principal: fortalecer el proceso de comunicación escolar en la emisora del IED Antonio Nariño mediante talleres que potenciaran a la radio escolar como un instrumento de formación ciudadana aportando a los procesos cívicos generados en la institución.

Perspectivas en torno a la Relación Comunicación Educación

La edu-comunicación constituye el pilar fundamental que sustenta esta investigación, tal como lo plantea Jorge Huergo: "Proponemos comenzar a entender a la comunicación como producción social de sentidos y la educación como procesos de formación de sujetos" (Huergo, 2007, p.19).

Puesto que la comunicación, en este caso trasciende el ámbito exclusivo de los medios de comunicación masivo, que sitúan a los jóvenes como espectadores, y les asignan un rol de consumidores pasivos, pero al participar de la radio escolar se recupera el sentido experiencial de comunicar a través de un medio de comunicación, así que a partir del trabajo en la emisora escolar se puede determinar que este medio es eje de otros procesos comunicativos que acercan a profesores y estudiantes, ayudan a transformar las problemáticas de cada entorno y potenciar las fortalezas de la institución, de esta manera la comunicación se erige como diálogo y reconocimiento del otro.

Mientras que la educación en este caso, ligada al proceso de formación de sujetos, no sólo se evidencia en aspectos técnicos, como la capacitación para el manejo de la consola, y como usar programas de edición de audio, sino que "la educación de la mano de la pedagogía busca re-pensar las prácticas y procesos educativos de forma permanente y una manera de hacerlo es su dimensión comunicacional y de construcción colectiva" (Huergo, 2007, p23). Así que esta relación comunicación y educación es la razón para fortalecer tanto a los procesos como a los protagonistas sociales, que en este caso representa la comunidad educativa del colegio Antonio Nariño.

Como expone Guillermo Orozco, otro de los teóricos que alimenta el marco conceptual de este proceso:

> A partir de las posibilidades de la interactividad y la convergencia, desde la educación se abre un campo de oportunidad incalculable para reforzar, ampliar, orientar o profundizar la producción cultural, y estimular la generación de conocimientos y aprendizajes (Orozco 2001, p.271).

En este caso, en la radio escolar hay un espacio en el que se puede construir y fortalecer el tejido social, respecto a éste término Mendoza (2016) citando a Sztompka (1995), lo define como una metáfora para referirse al entramado de relaciones que configuran la realidad social: "Así, por tejido social entendemos un proceso histórico de configuración de vínculos sociales e institucionales que favorecen la cohesión y la reproducción de la vida social. Como todo proceso histórico, el tejido social se va configurado por la intervención de individuos, colectividades e instituciones". (p.1 2016)

Esta investigación cualitativa tiene un enfoque crítico social, teniendo en cuenta que este enfoque se centra en las interrelaciones de los actores para generar un cambio y transformación en su entorno, como lo cita la profesora Noelia Melero, en su artículo *El paradigma crítico y los aportes de la investigación acción participativa en la transformación de la realidad social: un análisis desde las ciencias sociales.*

La concepción crítica, recoge como una de sus características fundamentales, que la intervención o estudio sobre la práctica local, se lleve a cabo, a través de procesos de autorreflexión, que generen cambios y transformaciones de los actores protagonistas, a nivel social y educativo (Melero, 2011 p 339).

Bajo este enfoque se empieza a transformar el uso de la emisora escolar no sólo como medio de difusión de música e información institucional; sino a través del fortalecimiento de un proceso formativo que abarco además del lenguaje radiofónico y el uso de los equipos, la formación en competencias ciudadanas:

Con las competencias ciudadanas, los estudiantes de toda Colombia están en capacidad de pensar más por sí mismos, decidir lo mejor para resolver sus dilemas, encontrar la forma justa de conciliar sus deseos y propósitos al lado de los que tienen los demás. Desarrollan habilidades que les permiten examinarse a sí mismos; reconocer sus reacciones y sus actos; entender por qué es justo actuar de una manera y no de otra; expresar sus opiniones con firmeza y respeto; construir en el debate; cumplir sus acuerdos, proponer, entender y respetar las normas.

Hablamos de estudiantes que aprenden a ser ciudadanos, a manejar mejor las situaciones que se nos presentan en nuestras relaciones con los demás y, especialmente, a superar sin violencia situaciones de conflicto. Niños, niñas y muchachos que aprenden a construir en el debate y a ganar confianza; que encuentran acuerdos de beneficio mutuo convertidos en oportunidades para el crecimiento, sin vulnerar las necesidades de las otras personas.

Con estas habilidades, los jóvenes estarán más capacitados para transformar la vida de los colegios, de sus padres y familia; para transformar y construir una nueva sociedad pacífica, democrática y respetuosa de las diferencias, tanto en su entorno cercano, como en el entorno internacional. (Ministerio de Educación de Colombia, 2004 p1)

Las competencias ciudadanas han sido una apuesta del Ministerio de Educación de Colombia para desarrollar en los jóvenes un conjunto de habilidades cognitivas, emocionales y comunicativas para actuar de manera constructiva en la sociedad y para potenciar el liderazgo estudiantil en los colegios; en este aspecto, la emisora escolar brindo la oportunidad de crear un espacio para que los jóvenes argumenten, propongan, evalúen, actúen y se construyan como actores sociales propositivos, participantes de su entorno para que a futuro tengan las aptitudes y experiencias necesarias para ejercer una ciudadanía activa.

Retomando la dupla de comunicación y educación otro interesado en el tema es el profesor Ismar de Oliveira quien argumenta lo siguiente:

El área de la comunicación para la educación posibilita tomar la comunicación social como ecosistema. Su principal objetivo será el examen de los procesos de comunicación en que la propia comunidad está inserta; ello permite que desde la realidad local se realice una lectura de la relación de los individuos con el sistema de medios, y lleva finalmente a los miembros de la comunidad a intervenir en las políticas y en los procesos de comunicación masivos (Oliveira, 2000 , p39) .

Por tanto, la relación entre comunicación y educación permite a las personas apropiarse de su mundo, y en este caso, la meta principal era que el grupo de estudiantes locutores de la emisora escolar lograra apropiarse de la realidad local, de su propio entorno, escuchando a sus compañeros y profesores, asumiendo su rol de actor social.

Dado que la "comunicación/educación es política que se articula desde las orillas, desde el desorden cultural; política que no clausura prematuramente el sentido de la transformación y la autonomía, sino que alienta la imaginación y las resistencias culturales, y que se juega en la trama de lo comunitario (hecha memorias, cuerpos, voces, y territorios) (Huergo, 2006 p.23).

De esta manera el profesor Huergo expone una de las más grandes tramas en la relación de comunicación y educación y su aporte a la cultura, no solo la hibridación que hace mucho más complejo el tejido social sino la transformación constante, por ello, como guía e investigadora no podía dejar de lado este problema y dictar someramente un taller de capacitación en radio, la actualidad también exigía brindar herramientas tanto de competencias comunicativas como ciudadanas, para que los estudiantes vinculados al proceso, fueran capaces de seguir en él.

Asumiendo su rol en la emisora desde una perspectiva reflexiva y crítica con la posibilidad de generar nuevos lenguajes que permitieran narraciones de sus vivencias y su concepción de la realidad, este camino llevó a recrear la cotidianidad en un viaje que también abarcó la memoria.

Investigando *con* ellos

Por tanto, las preguntas que animan este proceso son ¿qué piensan los jóvenes al empoderarse de la radio escolar?, ¿cuáles son los procesos comunicativos que se llevan a cabo en su propio entorno?, ¿los participantes de estos medios se reconocen como ciudadanos, como actores sociales?, ¿de qué manera apropian el termino de ciudadanía?. Estas preguntas, puestas en discusión desde el principio fueron el sustento a lo largo de este proceso investigativo.

Así , se definieron 20 talleres de formación con el objetivo de incrementar la participación de la población educativa, aportando ideas, generando conceptos creativos en pro de construir productos radiofónicos, que irrumpan dentro de la escena escolar como apoyo a otros procesos transformadores. Dado que, la radio escolar no solamente es un medio de comunicación que intenta responder a las necesidades, gustos e intereses de una comunidad sino que también, puede ser una herramienta para la formación de ciudadanos, se puede considerar que, este tipo de medios de comunicación ha sido desaprovechado a nivel educativo, donde existe la meta, cómo lo explicaría el profesor Cesar Rocha "de construir sujetos políticos con capacidad de decisión sobre su presente y su futuro" C. Rocha(comunicación personal, 21 de septiembre, 2011)

La institución educativa Antonio Nariño no es la excepción a este tipo de situaciones, si bien en el transcurso de estos años han participado en diferentes capacitaciones y sus directoras tienen presente la importancia de redimensionar el uso de los medios de comunicación en la escuela , el proceso se obstaculiza debido a que los estudiantes que integran la emisora, se podrían considerar como población flotante debido a que varios estudiantes terminan su periodo académico y se van de la institución ya sea porque alcanzan el máximo grado o porque se trasladan de colegio, y por tanto de la emisora, fracturando la continuidad de los procesos.

Frente a esta situación, la apuesta inicial fue crear espacios democráticos, participativos, generadores de nuevos conocimientos y que posibilitaran el desarrollo de competencias comunicativas y ciudadanas entre los jóvenes participantes, con el ánimo de aportar al mejoramiento de la calidad educativa en términos de convivencia escolar, del apoyo a la innovación educativa y pedagógica, y al fortalecimiento de las relaciones con la comunidad desde la emisora escolar.

Planeación: punto de partida

En esta primera fase se realiza un diagnóstico del proceso que ha tenido la emisora en el colegio, este primer acercamiento permite conocer que ya tenía un proceso de identidad y se le dio un nombre al medio escolar: CEDAN JMT BAJO CERO, una abreviatura de las siglas Centro EDucativo Antonio Nariño Jornada Mañana Tarde .Además en conjunto se determinó el papel de la emisora en el actual contexto escolar.

En la primera reunión con las profesoras que lideran el proceso, se constató que la emisora tenía una amplia experiencia como medio escolar y que había participado en capacitaciones convocadas por la localidad de Engativá, el grupo Comunicar y Paulinas.

CEDAN JMT tenía un reconocimiento a nivel local, gracias a su ayuda en la creación de spots: cuñas realizadas para el Parque Natural Chingaza, ubicado en la cordillera oriental de los Andes, al noreste de Bogotá, importante por el cuidado de especies amenazadas y fuentes hídricas; y cuñas promocionales para la línea 106, la línea de atención de niños y niñas a nivel distrital.

Además, en el 2002, crearon una serie llamada Retratos de Juventud con apoyo de Paulinas, precursoras en el trabajo de la educomunicación en Colombia con los jóvenes, y una segunda versión de su proyecto Onda Cheverísma. Gracias a esa experiencia la emisora obtuvo el segundo lugar en el concurso de medios escolares: *Procesos comunicativos y medios en el entorno escolar,* convocado por el Observatorio de Medios de Uniminuto.

Por tanto, algunas generaciones de locutores en la emisora, tenía bases sobre lenguaje radiofónico y un acercamiento hacia la utilización de medios escolares en pro de la convivencia, pero el problema que enfrentaba la emisora, a pesar de todos estos avances, radicaba en que la apuesta hacia un enfoque ciudadano aún no era del todo clara en su programación diaria.

Taller de cartografía social

Junto a lo anterior, este proceso buscó comprender un poco más las dinámicas de la Institución Educativa, para así pensar en un proyecto edu-comunicativo pertinente, por eso con el grupo base de la emisora se realizó un taller de cartografía social[1] buscando que los estudiantes conversaran sobre el territorio, plasmando dentro de un mapa del colegio hecho por ellos mismos, las relaciones que tenían lugar en su entorno, este taller basado en cuatro relaciones fundamentales dentro del contexto educativo, permitió conocer a los estudiantes y entender sus percepciones frente a la vida escolar.

Los mapas elaborados son el registro de la reflexión colectiva fruto del taller, y a partir de este ejercicio se conceptualizaron las relaciones trabajadas y se generaron las líneas de acción para continuar con el proceso

. En seguida se presentan los hallazgos de este taller.

---

[1]Cartografía Social: "esta metodología pate del reconocimiento del saber del otro y lo plasma en mapas, que si bien no son elaborados técnicamente, sí permiten identificar las relaciones que transcurren en el territorio (físico simbólico)"(Rocha, Molina et al, 2008 p66).

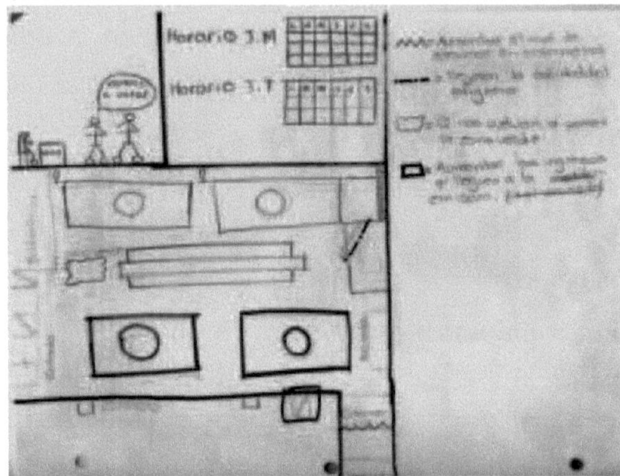

Los estudiantes resaltaron principalmente las elecciones como mecanismo de participación de los procesos de su institución, no visibilizaron relaciones con los profesores o directivas, aunque en el momento de la socialización relataron que con algunos profesores y personal administrativo del colegio la comunicación no era buena, puesto que el trato hacia ellos por parte de algunas directivas y profesores, no era agradable.

Cabe destacar que, aprovecharon el espacio del mapa para representar otro tipo de problemáticas, relacionadas con la calidad de la atención en la enfermería y la cooperativa del colegio o la entrega de refrigerios.

Lo que sugiere que la relación político-administrativa, para ellos, se visibiliza en las áreas que prestan servicios adicionales en el colegio, mientras que el espacio donde funciona la parte administrativa, es decir rectoría, coordinación, orientación, no fueron identificados. Por tanto, es importante lograr procesos donde los profesores y las directivas sean más cercanos a los estudiantes, que se construyan redes de comunicación y participación para mejorar esta relación.

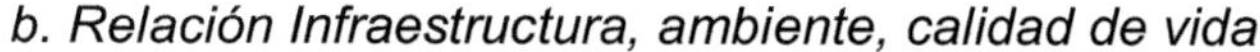

b. Relación Infraestructura, ambiente, calidad de vida

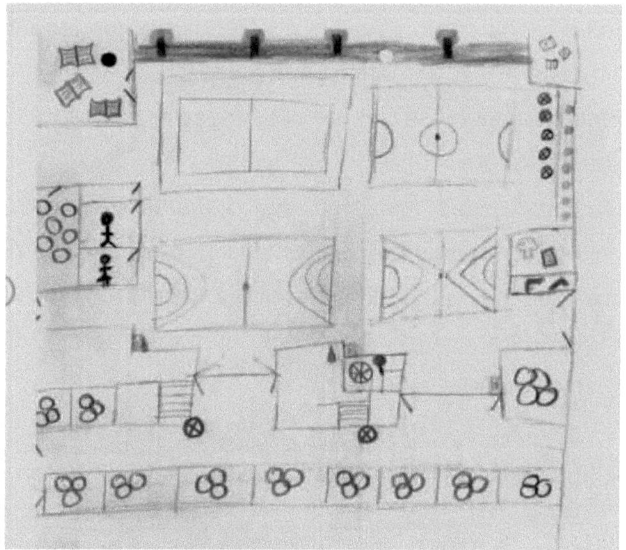

En esta relación que busca identificar el grado de bienestar de los estudiantes respecto a la educación, la recreación y otros espacios necesarios para su bienestar, se evidencio que el colegio tiene una gran falencia puesto que, el nivel de alumnos por jornada supera la capacidad que tiene la institución para albergarlos, por ello hay hacinamiento en los salones y los estudiantes nuevamente evidencian mala atención en la enfermería, en la cooperativa, y también reportan la falta de equipos de computación

Asimismo, hicieron alusión a los baños, en la socialización se manifestó que los cierran porque son usados como espacios para consumir drogas o faltar a clases. El aspecto de cierre de los baños evidencia problemáticas mayores que son la de drogadicción y la falta de implementos básicos como el papel o el jabón porque los estudiantes hacen mal uso de estos elementos.

En las fortalezas destacan un amplio espacio para lo lúdico, y la existencia de la biblioteca.

Dentro de las propuestas, los estudiantes llegaron a la conclusión que se deben iniciar campañas de concienciación para el buen uso de los recursos que da el colegio desde la emisora, y en asociación con otros grupos de interés del colegio (grupos de danza, de teatro, deportivos, de estudio, entre otros).

c. Relación cultura y espacios de socialización

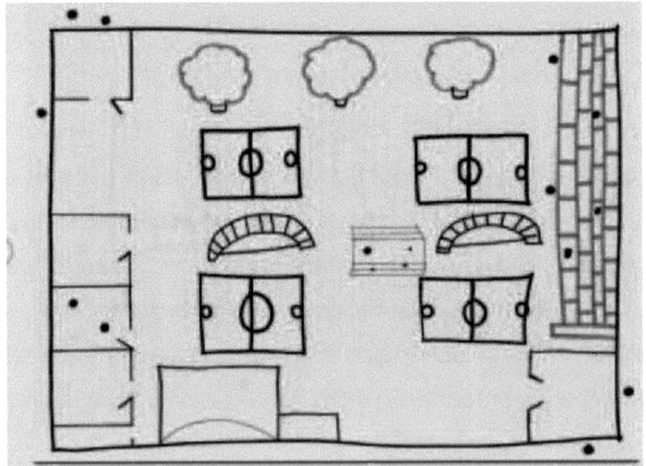

En cuanto a los espacios de socialización y cultura, los integrantes de la emisora escolar reflejaron en el mapa los puntos donde suelen haber peleas entre estudiantes del colegio. Aunque no quisieron representar qué tipo de problemas, sí plasmaron en dónde estaban ubicados.

Manifestaron que necesitan seguridad en la salida de la institución y trabajar en el tema de una adecuada resolución de conflictos. Una de las alternativas fue el trabajo en conjunto con la policía, pero manifestaron que se necesita de un programa que tenga trascendencia, pues los policías vigilan por una o dos semanas y las prácticas no cambian.

Dentro de las propuestas dadas algunos estudiantes sugirieron la de "prohibir el porte de camisetas que hagan referencia a equipos o ponerle púas a la reja". Estas propuestas fueron criticadas por las otras mesas de trabajo, dado que la alternativa no está en suprimir los gustos o atentar contra la libre expresión, sino lograr que estos gustos sean respetados, sin necesidad de generar ningún tipo de conflicto. Pero demostró cómo se asume el conflicto para algunos de ellos, como una situación mala que hay que suprimir sin ningún tipo de mediación.

En esta relación se visibilizaron los problemas de seguridad en el interior y el exterior de la institución, provocados principalmente por el expendio de drogas, la intolerancia y el irrespeto que hay entre los estudiantes.

El grupo a cargo de esta relación hizo mención al mal trato que se les da a los equipos de la institución, peleas entre pandillas y compañeros dentro de la misma y en sus alrededores como en el Barrio San Marcos, confirmando los conflictos planteados por otros grupos.

Por lo anterior, se hace necesaria la creación de una estrategia de comunicación que vincule las áreas de pedagogía para la resolución de conflictos, con el apoyo de las directivas, profesores y demás grupos de interés en la institución.

El taller de cartografía social contribuyó en gran medida a dar sentido al proceso, permitió que los participantes dieran a conocer las características de su entorno y demostró las particularidades y la complejidad de las situaciones. La actividad direccionó las temáticas de nuestros talleres hacia la ciudadanía y la participación, complementando con la capacitación radiofónica.

Talleres de educomunicación

Teniendo en cuenta que el grupo, compuesto por 20 estudiantes, oscilaba entre los 13 y los 18 años los talleres debían ser dinámicos y claros para todos. De acuerdo con las apuestas de la pedagogía crítica:

> Pensar en la práctica pedagógica implica admitir que su intención formativa no se circunscribe únicamente en los espacios de la educación formal-escolar-; trasciende a aquellos escenarios socioculturales en donde se generan procesos de transformación tanto de los propios sujetos como de sus realidades (Ortega, 2009, p 30).

En la parte de capacitación radiofónica se trabajaron temas de locución como el manejo de la voz, la buena dicción, el uso de formatos y géneros radiofónicos. En las temáticas concernientes a ciudadanía y participación son importantes las estrategias de juegos de roles, debates, dilemas morales y dinámicas que les permitieran reflexionar respecto a las competencias ciudadanas, todas estas herramientas trabajadas con el fin de generar proceso de transformación.

Los talleres de formación se llevan a cabo con el fin de crear espacios de capacitación, en donde los estudiantes adquieran las herramientas para ejercer procesos de comunicación que impacten en su contexto social, los talleres se realizan en el horario extraescolar establecido los sábados durante 2 horas en la mañana, en las instalaciones del colegio.

Dinámica: hecho, opinión o rumor

Una de las prevenciones que tienen los directivos y profesores de las instituciones educativas a la hora de trabajar con proyectos de comunicación escolar, es cómo implementar normas claras sobre los mensajes a transmitir al aire sin coartar la libertad de expresión de los jóvenes. En una experiencia previa, realizando talleres de radio en otra institución, el profesor a cargo no quería que la emisora se utilizara para otra cosa que programar música y anunciar la siguiente canción, argumentando que si los estudiantes llegaban a expresarse imprudentemente frente a algún asunto o persona del colegio, podría causar indisposición con los profesores y directivos, y del asunto tendría que responsabilizarse él, así que no confiaba en la inexperiencia de los estudiantes para expresar su opinión.

En efecto, uno de los retos más reseñados en investigación en educomunicación es la interacción entre jóvenes y adultos, como lo indica Francisco Cajiao, "En la escuela persisten prácticas pedagógicas autoritarias en las que el manejo del poder y del saber por parte de los profesores es vertical. Estos rasgos de autoritarismo y arbitrariedad no permiten a los jóvenes sentirse en condiciones de participación real" (Cajiao, 1996 p 59)

Como se mencionó anteriormente, este no era el caso de la IED Antonio Nariño, pues las profesoras responsables del proyecto apoyaban que los jóvenes hicieran transmisiones al aire, con la aprobación previa del libreto, pero dados los resultados de la cartografía social se h las zo necesario potenciar las habilidades comunicativas para desarrollar la resolución de los conflictos ,dando herramientas a los jóvenes para que dimensionen la importancia de sus palabras y se hagan cargo de las reacciones que sus opiniones pueden generar, y a su vez hacer un trabajo previo con los directivos y profesores para que le apuesten al proceso de desarrollar en los estudiantes además de una capacitación técnica, una serie de *habilidades narrativas y analíticas*, que permitan el autoconocimiento y la habilidad de plasmarlas, en este caso, en productos radiofónicos; *habilidades comunicativas*, que brinden a los estudiantes la habilidad de expresar su punto de vista asertivamente y por último *habilidades de negociación y prospectiva*, para que desarrollen la empatía y tolerancia frente a opiniones contrarias y sepan llegar a acuerdos para trabajar por un fin común.

Con el objetivo de fortalecer estas habilidades, surge la práctica de la dinámica: hecho, opinión o rumor, para que los jóvenes sepan discernir entre diferentes tipos de información.

Teniendo en cuenta que un hecho; es una verdad especifica en un tiempo y espacio determinado, una opinión; es el punto de vista de una persona o grupo, y un rumor; es una información sin una fuente o base identificada, se leen varios párrafos preparado previamente. Por ejemplo, en el hecho se lee una noticia de actualidad, para el rumor se agregan hechos ficticios, y para la opinión se crea un debate entre los que están en contra o a favor de lo que paso, en conjunto se pide que evalúen cada texto y comenten cuál de ellos les parece que corresponde a las categorías elegidas, de esta manera se llega a consensos y se va aprendiendo a tener una mirada crítica frente a la información que llega y como se debe manejar.

Además se trató el tema de la responsabilidad a la hora de dar una información y del respeto que se debe tener frente a las opiniones o formas de actuar de los otros y la repercusión que puede tener un comentario para entender que los contenidos y opiniones expresadas ante el micrófono se convierten en opinión pública, que puede tener aceptación o ser rechazada por la audiencia, así que deben prepararse para tener en cuenta diversas fuentes y saber sustentar su opinión al salir al aire.

La dinámica también es una oportunidad para que los participantes expresen sus preguntas sobre cómo manejar algunas situaciones, por ejemplo, los integrantes de CEDAN JMT preguntaron sobre qué hacer cuando algún profesor necesitaba dar un mensaje por la emisora y llegaba inmediatamente a quitarles el micrófono y cortar la transmisión, ya sea que estuvieran hablando o en mitad de una canción, el consenso al que llegaron fue explicarle amablemente que se encontraban a mitad de una canción o de un diálogo y pedirle al profesor un momento breve para darle paso y que pudiera dar su mensaje.

Por supuesto, el desarrollo de esta confianza entre estudiantes y maestros, no se creará en un solo taller, debe ser fomentada desde el respeto y será potenciada a lo largo de toda la experiencia radial, para varios directivos y profesores, es difícil remplazar la idea inicial de la comunicación como proceso mecánico de emisor, mensaje, receptor, lo que Ricardo Nassif, denomino " Modelización Comunicativa de la Relación Pedagógica" en términos de la teoría clásica de la comunicación, Nassif identifico al emisor, como el maestro, al mensaje como el saber, y al canal con los medios, y al receptor como el alumno. (Herrera *et al.* 2005, p 205)

Esta tendencia refleja la concepción de la educación desde el autoritarismo, en el cual el discurso del maestro es indiscutible y se convierte en verdad absoluta, inclusive la retroalimentación es un proceso para controlar y verificar la repetición del mensaje, pero no era vista como un proceso para incentivar el diálogo.

El propósito es que los profesores le apuesten al papel activo de las audiencias y a la educación de los sujetos participantes en el uso crítico de los medios, además es una apuesta por la construcción de cultura política democrática, pues como lo plantea el trabajo de Humberto Cubides (2001) "se requiere que la institución se convierta en un espacio público en donde resulte posible la indagación crítica, el dialogo significativo de saberes y el encuentro de distintas experiencias culturales" (p.21)

Otra de las bases de formación, es la apropiación del conflicto visto como una oportunidad de aprendizaje para estudiantes y profesores que hace parte de las experiencias en comunidad y cuya resolución se convierte en un factor primordial para la convivencia en la escuela y la sociedad en general desde escenarios de diálogo y concertación.

Entrevista a directores, profesores, personal de servicios y estudiantes.

En el plano de desarrollo de habilidades para el liderazgo y la convivencia, se quiere establecer una nueva dinámica en las relaciones entre adultos y jóvenes en el colegio, esta transformación debe generarse desde ambos lados, pues los estudiantes asumirían sus derechos como ciudadanos, pero no serían conscientes de sus deberes para con la sociedad, y el principal deber de un actor social es el respeto por otros.

Uno de los resultados del diagnóstico de cartografía social, es que los estudiantes no evidenciaron relación con otros funcionarios del colegio como las secretarias, el personal de servicio, los empleados de la cafetería o los vigilantes; aprovechando el entrenamiento en formatos radiofónicos sé les pidió que planearán una entrevista a estas personas a cerca de su rol en el colegio.

En grupos de a dos, equipados por un listado de preguntas previamente concertadas a cerca del trabajo en el colegio, la importancia de su función y el tiempo que llevaba desempeñando su cargo, los integrantes de la emisora entrevistaron a estos funcionarios.

El resultado fue comprender la importancia de su gestión en el colegio y visibilizarlos como personas, a veces cuesta visibilizar al otro, o simplemente su presencia se convierte en parte de la cotidianidad.

Adaptación de Cuentos

Con el ánimo de ahondar en manejo de voz, creación de libretos y ambientación (sonidos) se adaptó el cuento *El Renacuajo Paseador* (1867), una narración tradicional de la autoría del escritor colombiano Rafael Pombo, este cuento narra los incidentes que le ocurren a Rin Rin Renacuajo y sus amigos al irse de fiesta, en uno de los talleres los estudiantes adaptaron la historia a su lenguaje y cotidianidad:

Doña Ratona: hola ¿quién es?

Rin Rin : ¡Yo Doña Ratona , abra pues o qué!

Doña Ratona: Rin, cante una canción.

Rin Rin: no puedo, bailemos mejor (suena un reggaetón)

Luego de la adaptación, se les pidió que realizaran una entrevista a los personajes. Dentro del cuestionario, los estudiantes quisieron ir más allá de la obra e indagaron por las razones que tuvieron para actuar de esa manera determinada, por ejemplo, ésta fue la entrevista realizada a Rin Rin Renacuajo:

¿Por qué usted era tan conflictivo con su mamá?

R: porque me ponía a hacer oficio

¿Cómo era su relación con el ratón?

R: Era mi parcero, me invitaba a tomar y a ir a fiestas, lástima que se murió.

¿Después de que se lo comió el pato, sintió algún remordimiento por no haber hecho caso a su mamá?

R: Sí, porque le hubiera hecho caso a mi mamá no me hubieran (sic) comido

¿Qué consejo les daría a nuestros oyentes para que no sean tan malos con sus madres?

R: Que hagan caso, que no sigan los consejos de los amigos, el alcohol y las drogas no dejan nada bueno.

En la entrevista se puede evidenciar la relación con los padres, la toma de decisiones, la preferencia por los amigos, y cómo desde un cuento escrito hace medio siglo, pueden cobrar vigencia las situaciones a las que se enfrenta los adolescentes en la actualidad.

Incluso, en este juego de roles, se acercaron a la perspectiva de figuras de autoridad, como el personaje de Doña Sapa, la mamá de Rin Rin Renacuajo:

Hoy vamos a hablar con Doña Sapa, que nos contará su experiencia.

1. ¿Cómo fue la experiencia de actuar?

Rta: Normal, cosa de todos los días.

2 ¿Qué se sintió que su hijo se haya muerto?

Rta: Muy triste y a la vez con rabia de que no me haya hecho caso, y no se quedará en casa.

3.¿Qué se siente tener un hijo desobediente?

Rta: Horrible, una decepción que tuviera amigos que son mala influencia para él.

Esta actividad cumplió con las expectativas propuestas, los sujetos reflexionan sobre su hacer, lo problematizan y lo acercan a su vida. Además, se recuperó el juego en su dimensión creativa y estética, dentro de esta actividad se encontraba implícito el juego de roles y los participantes construyeron relatos con sentido experiencial y analítico de su entorno, las relaciones con sus padres y amigos, la y la toma de decisiones.

Dilemas Morales ¿Qué harías si fueras Juan?

Otra de las actividades que resultó bastante provechosa fue la creación de dilemas morales, como el dilema de Juan, un estudiante, que se debatía entre hacer o no hacer copia. Este ejercicio fue tomado del libro *Competencias Ciudadanas: De los Estándares al Aula*. El dilema era el siguiente:

> "Juan es un estudiante de noveno grado. En la clase de informática le están enseñando cómo buscar información en Internet para apoyar su trabajo académico.
>
> A Juan no le ha ido muy bien y su papá lo está presionando mucho para que mejore sus notas, especialmente en ciencias sociales, que es la materia en la que peor le va. En la casa lo maltratan físicamente y es muy probable que si no mejora, le peguen.
>
> Juan tiene que entregar mañana un trabajo muy importante para sociales del cual depende gran parte de la nota. Ha estado trabajando en la tarea pero realmente lo que lleva hasta ahora no le parece que esté bien y si presenta esto seguramente perderá de nuevo la materia.
>
> En la clase de informática encontró un trabajo por Internet que sería perfecto para lo que tiene que hacer y con el que seguramente sacaría muy buena nota. Juan debe tomar la decisión de tomar ese trabajo y presentarlo como propio o seguir trabajando en lo que lleva y presentar un trabajo que él piensa que es malo.
>
> ¿Qué harías tú si fueras Juan? ¿Por qué actuarías así?"(Chaux, & Velázquez., 2004, p.40).

Como lo explican los psicólogos José Mejía y Gloría Rodríguez (2004)

"La discusión de dilemas morales es una de las estrategias pedagógicas que se utilizan para fomentar el desarrollo del juicio moral y otras habilidades -como la escucha activa, la argumentación y la toma de perspectiva, entre otras- de los niños, niñas, jóvenes y adultos, y está basada en la discusión respetuosa y ordenada de situaciones como las descritas anteriormente. El juicio moral lleva a la persona a: considerar varias alternativas, valorar desde un punto de vista ético o moral una situación, realizar juicios de valor -bueno o malo- sobre las opciones a considerar, evaluar las consecuencias para sí mismo y para los otros implicados, cercanos y lejanos, entre otros. Todo lo cual hace parte de las competencias ciudadanas para convivir, participar y respetar las diferencias" (p. 41).

De este modo, cada participante apropiándose del papel de Juan, contestó a la pregunta ¿qué harías si fueras Juan? Y luego, el estudiante tenía que argumentar su posición frente a la de los otros. Dentro de las posturas tomadas encontramos las siguientes:

- "Yo presentaría el trabajo que encontré en Internet, para que no me pegaran más".

- "Actuaría con honestidad y entregaría el que yo hice porque me esforcé haciéndolo, y también le contaría a mis papás por qué me va mal en la materia"

- "Uno actúa de buena manera realizando las labores, partiéndose el lomo en hacerlas, para que después los profesores no le den una buena nota, entonces, ¿cómo actúa uno?, de una manera *rabona*"

- "Si perdiera la materia le diría la verdad y trataría de razonar con la profesora y mis padres"

La actividad generó una gran discusión y trajo a colación otras circunstancias, las que viven día a día los estudiantes con sus profesores: se encontraron dos posturas, la del diálogo y la honestidad, y la de copiar la tarea porque es más fácil, por temor a fallar o porque en otras ocasiones han sido honestos pero su esfuerzo no ha sido recompensado.

La profesora Luz del Carmen, que nos acompañó en el taller también intervino desde su punto de vista, comunicándoles a los estudiantes que en efecto, al revisar los trabajos los profesores se dan cuenta y resulta frustrante para ellos encontrar tantos trabajos copiados de internet.

Al final, entre estudiantes y profesora, llegaron al consenso de utilizar citas cuando se refieran a las ideas del otro y reflexionando sobre sus ídolos (deportistas, actores, cantantes) llegaron a la conclusión de que si se quiere sobresalir hay que apostar por la originalidad.

Pero más que querer aleccionar, el ejercicio permitió un espacio donde tanto estudiantes como profesor expresaran su punto de vista sobre un dilema cotidiano, se comprendieran y respetaran las opiniones de otro y se llegara a un consenso. Remitiendo al diagnóstico se debe recordar que uno de los problemas era la intolerancia, la realización de este taller fue un gran paso para cruzar las fronteras y adquirir nuevas perspectivas.

Luego, el tema de resolución de conflictos fue propuesto por los estudiantes para ser trabajado al aire en la emisión de la semana posterior al taller.

Emisora Escolar: Escenario de empoderamiento y liderazgo juvenil

Los talleres de formación permitieron a los estudiantes, no solo conocer la radio y su funcionamiento sino que fortalecieron los procesos de reflexión y ciudadanía, a partir de aspectos tanto técnicos como trabajados durante el proceso, y siguiendo una de las propuestas realizadas en el ejercicio de cartografía social que consistía en iniciar campañas de concienciación, desde la emisora se crearon una serie de spots o cuñas, promoviendo el buen uso de los recursos, en total se realizaron 10 spots en pro del cuidado del agua y las zonas verdes, el buen uso de los salones, el refrigerio, el papel, entre otros.

Mientras que los temas vistos en los talleres de formación fortalecían las emisiones que se realizaban a diario dentro del colegio en las jornadas tarde y mañana.

Con el objetivo de acercar más a la emisora a su contexto local, y por iniciativa de los integrantes de la emisora, se realizaron 10 spots, los spots o cuñas radiales son breves anuncios con el objetivo de alentar a los estudiantes para que se apropiaran de su colegio y cambiaran algunas falencias que se venían presentando, como la mala atención en la enfermería y la pertenencia hacia la institución, invitándolos a que apadrinaran un elemento del colegio, los pupitres, la implementación del reciclaje, el cuidado del agua, evidenciadas en la herramienta utilizada en nuestra fase de planeación.

El profesor Joan Ferrés, (2010) plantea que "si la educomunicación quería dar respuesta a la posibilidades y limitaciones del nuevo entorno comunicativo una meta que tenía que cumplir era prestar atención a la participación emocional". (p.251) Citando a Roberto Maturana quien afirma "no es la razón la que nos lleva a la acción, sino la emoción" (Maturana,1999, p.23), fue muy importante incentivar a los participantes para que motivaran al público a partir del lenguaje radiofónico, que abstrajeran la realidad, lo que vivenciaban cada día dentro de los libretos para poner en común la problemática que los afectaba.

Efectivamente, el *spot* de la enfermería fue el que más tuvo acogida dentro de la institución, se hizo a manera de *jingle* y el mensaje fue agradable porque aludía a una situación que afectaba a toda la comunidad y los invitaba a participar, este *spot* parafraseaba el coro de la canción *El Niágara en Bicicleta (1998, pista 5)* del compositor dominicano, Juan Luis Guerra:

"No me digan que la enfermería está vacía oohhh,

Que no hay medicina pa' atendernos, Ooohh

Que hasta las curitas se vencieron,

Esto no puede ser así en el Nariño otra vez".

Fruto de este producto, los estudiantes donaron implementos para la enfermería y el servicio mejoró, también se vincularon al proceso de creación de los guiones y la grabación en estudio los profesores de las áreas de ciencias y matemáticas, profesores de primaria en la jornada de la tarde y los gestores ambientales de ambas jornadas. Cada curso apadrinó un elemento y en efecto se logró un cambio positivo en el buen uso de los elemento de aseo. Por último se cerró con una actividad cultural en cada jornada premiando el mejor disfraz con elementos de reciclaje.

Con la campaña Mos-k con el Koco!! , que en palabras de los jóvenes significa "cuidado con el colegio", cuyo slogan además fue creado en conjunto con un ex integrante de la emisora, que desde su experiencia como diseñador gráfico les asesoró en uno de los talleres, quedó demostrado que desde la emisora escolar se pueden elaborar nuevos discursos y escenarios de conocimiento, y este resultado de seguro tendrá gran relevancia en los próximos años para construir procesos transformadores.

Las prácticas de comunicación y educación

Luego de 20 sesiones se cuenta con la certeza que un medio de comunicación dentro de la escuela efectivamente, puede incidir en ámbitos que desarrollen el ejercicio ciudadano.

Para el grupo de la emisora escolar fue una experiencia gratificante, era la primera vez que la emisora lograba una movilización semejante y que desde esta relación comunicación-educación logró un proceso interdisciplinar, visto como una estrategia para abordar el conocimiento y demostrar dentro del plantel educativo que se pueden tomar otros caminos que involucren a los estudiantes en la consecución de objetivos empoderándolos como sujetos participantes y líderes de procesos transformadores, Valderrama expone el ejercicio ciudadano de la siguiente manera:

El ciudadano debe reconocerse a sí mismo, política y culturalmente, como miembro de diversos colectivos inscritos en contextos particulares de diverso orden y nivel, es necesario también que se reconozca como adscrito a diversas comunidades de sentido, lo cual quiere decir, a su vez, que como sujeto es capaz de comunicarse con otros miembros de estas colectividades a través de ciertas competencias comunicativas históricamente situadas, que es capaz de discernir con los otros un futuro, que es capaz de gestar dialógicamente con los otros un proyecto colectivo, sabiendo discernir su lugar en contextos tanto de carácter global que albergan problemáticas de indudable adscripción a ciudadanías universales, como en contextos de problemáticas inscritas en territorialidades locales inmediatas a su vida tanto pública como privada.(Valderrama,2005 p 302).

Así, desde la emisora se creó un espacio donde se habla y se construye lo educativo más allá de las aulas de clase, y que permitió la formación del ciudadano en la escuela, como sujeto reflexivo y mediador que posibilite la creación de proyectos a nivel colectivo y reconozca la radio escolar, como un espacio para renovar y proyectar aspectos de su entorno desde el mejoramiento de sus procesos comunicativos.

Recuperando la memoria: la emisora que queremos

La tercera experiencia se obtuvo en el segundo semestre de 2011, desde el Observatorio de Medios Escolares preocupa la falta de memorias en cada medio de comunicación escolar, se hace imperioso recordar el pasado como una manera de generar sentido de pertenencia y como elemento de identificación colectiva.

Para llevar a cabo este objetivo se realizó un encuentro con los integrantes anteriores de la emisora, al cual asistieron desde el primer estudiante que formó parte de este medio de comunicación, en el año 1997, hasta los estudiantes que están a cargo en la actualidad, el objetivo de este encuentro fue compartir experiencias, anécdotas y sueños, en torno a este proceso de 15 años de actividad.

El ejercicio de reconstrucción de memoria ayudó a restablecer lazos de pertenencia, tal como lo expone Piedad Ortega:

> La escuela se constituye en un horizonte de múltiples posibilidades para maestros y estudiantes, su carácter dinámico, contextual, contingente e histórico se haya mediado por modos de construcción de discursos éticos y formas de sociabilidad desde los cuales los sujetos acumulan y desarrollan bienes materiales y simbólicos, que les permiten pensarse, interrogarse y actuar sobre sus trayectorias de pasado, presente y futuro (Ortega, 2009, p. 32).

El espacio para la recuperación de memorias, para la escucha de vivencias y desafíos de sus ex- compañeros del colegio y la complicidad de compartir un espacio dentro de la institución que permita salir de la monotonía, se fundamentan como nuevos lazos de pertenencia dirigidos a este medio de comunicación escolar.

> Creemos que el estudio de la apropiación se convierte en una herramienta útil para analizar fenómenos históricos en contextos tanto locales como internacionales, y producir narrativas históricas más equilibradas y rigurosas desde el punto de vista geográfico y metodológico (Simon, 2009, p153).

Con esta recolección de memorias se dio un nuevo significado al quehacer de un medio de comunicación escolar y se reconstruyó la historia de CEDAN JMT, con el ánimo de contribuir a una mejor emisora, más justa y solidaria para toda la comunidad educativa.

Se conformaron mesas de trabajo y se recopilaron memorias tanto sonoras como audiovisuales de cada experiencia, por ejemplo, Julián González vinculado a la emisora en el año 2003, define estar vinculado a un medio escolar cómo: "algo muy revolucionario. La emisora es un espacio libre para que usted se exprese, los problemas que usted tenga en la casa se olvidan, si usted tiene problemas económicos, familiares, de lo que sea… en ese espacio usted se olvida de todos los problemas que usted tenga".

Otro de los estudiantes vinculados al proceso, es Camilo Plazas, en el año 1997, al ser interrogado por los actuales integrantes de la emisora sobre su motivación para formar parte de la radio escolar, destacó "la emisora era un espacio donde usted podía sobresalir, ser una persona reconocida, su trabajo era reconocido dentro del colegio, era un espacio dentro del descanso que no solo era salir a hablar por el micrófono, hacerse escuchar por las personas, eso era muy importante y hacía que como integrante de la emisora tuviera una posición diferente respecto a los demás alumnos…Además, la emisora no solo es para aprender a hablar por un micrófono sino a pensar en qué se va a decir, cómo se va a decir, se aprende a pensar antes de actuar. Estamos en una población de colegio y cada cosa que escuchen en la emisora construye y crea un impacto sobre los estudiantes, porque la emisora escolar es un espacio para seguir educando, dando espacio a los estudiantes y a los profesores, para dar sus opiniones y crear saberes en conjunto".

Helen Montaña, se vinculó al medio escolar, cuando cursaba séptimo, ella explica su motivación para integrarse al proyecto de la siguiente manera "por qué yo vi en la emisora un espacio para influir de forma positiva a los estudiantes", y destaca que "para mi desarrollo personal me ayudo para aprender a desenvolverme ante un público, por ejemplo cuando tenía que hacer exposiciones, yo noté que no me daba temor pasar al frente a explicar un tema, y podía expresarme mejor que mis compañeros" además del proceso de pertenencia a este proyecto escolar destaca "los lazos de amistad con otros compañeros de diferentes cursos, que no habría tenido oportunidad de conocer si no fuera por este espacio que nos une con estudiantes de otros grados e incluso de la otra jornada" por último recomienda " es importante que sepan que así se tornen las cosas difíciles hay que tener en claro la importancia de crear espacios de opinión y libre expresión".

Para Indira Burgos, locutora hasta el 2006, uno de los hechos a destacar en la emisora es "la importancia de aprender a trabajar en equipo, desde la concepción de una idea, la investigación, la creación del libreto, y la grabación del material, hay un proceso experiencial muy importante para escuchar nuevas ideas, hacerlas crecer y obtener un producto final que une a todos los participantes en el proceso".

Pamela Avendaño, participante de este proceso de formación, quién lleva en la emisora un año y medio comenta que entró por su interés en la música, y destaca que "le pareció interesante la experiencia de realizar la grabación de cuñas e influir para que los estudiantes se motivaran a iniciar acciones para cuidar el medio ambiente que rodea al colegio por medio de la emisora y entendieran que este tema no es un juego".

Mientras que, para Yuli Torres, su motivación para entrar en la emisora fue aprender de locución, y destaca de esta experiencia el tener mucho respeto hacia los compañeros.

Para Sonia Parra, madre de una de las integrantes de la emisora, comenta que de esta experiencia le gusta ver a su hija enfocada en hacer algo que la hace feliz y que incluso su hija tiene la expectativa de estudiar periodismo luego de salir del colegio.

El registrar este encuentro con el ánimo de recuperar más de quince años de relatos y experiencias, fue muy significativo, en conjunto con los estudiantes se llegó al acuerdo de no recopilar datos cronológicos sino vivencias, quisieron que este momento se convirtiera en un espacio para compartir recuerdos, historias, luchas para sostener un medio de comunicación y de esta manera lograr una mayor adhesión por parte de los integrantes actuales al proceso.

Del mismo modo, para los ex-alumnos, fue una experiencia grata, ser reconocidos y sentirse apreciados por las directoras de la emisora y por integrantes de otras promociones, les motivó a mantenerse al tanto de los procesos y querer implicarse en ellos para el siguiente año.

La radio escolar para los profesores: una propuesta novedosa con sentido crítico y enfoque social

Gran parte del éxito de este proceso, se debe a los profesores que apostaron por abrir este espacio en la institución, fue importante en el proceso investigativo entender su motivación para arriesgarse a emprender un medio escolar; para la profesora Esperanza Aranguren, la radio escolar es una experiencia gratificante a nivel personal y comunitario para los docentes. "Es un medio que atrapa tu atención y sin pensarlo te va llenando de ideas y va despertando tu imaginación al punto que le entregas tu tiempo libre sin mayor dificultad, abriendo cada vez nuevos espacios de concientización y de crítica constructiva y colectiva, donde la interacción con maestros de otras localidades con problemas y situaciones similares a las tuyas, hacen que no te sientas solo en la tarea que emprendiste por tu propia voluntad y en la que en forma responsable y decidida, luchando contra toda clase de obstáculos, interactúas con los estudiantes, razón de ser de éstos proyectos. Y es que uno siente la necesidad de andar conectado y de paso transmitir a los estudiantes ese mundo creativo que logra sensibilizar los entornos y acercar la realidad, con un propósito social de convivencia pacífica, de tolerancia y de respeto con los diferentes actores que día a día nos encontramos en el aula de clase y en los sitios que hacen parte del ambiente escolar".

Respecto a los cambios en la relación con los estudiantes, la profesora comenta que "los cambios se hicieron evidentes, comenzaron por la actitud del grupo de estudiantes y docentes que asistíamos a la capacitación. Se fue consolidando una amistad en la que se compartieron experiencias que nos ayudaron a conocernos en un espacio diferente al aula de clase, a descifrar el lenguaje con que los chicos se relacionan, a entender sus problemáticas y así acercarnos a estas personas tan interesantes y de las cuales hay tanto que aprender. Esto ayudó al crecimiento personal y a trabajar con identidad propia. Los estudiantes se sintieron reconocidos en la Comunidad Educativa y su trabajo ya no pasaba desapercibido. Los solicitaban para eventos, participar en izadas de bandera, programas especiales, algunos colaboraron en el gobierno escolar; en otras palabras se convirtió en un semillero de líderes".

Frente a los procesos de capacitación, la profesora Esperanza destaca:

"En Onda Cheverísima , Comunicación para la Convivencia, los talleres nos servían en la parte vivencial -formativa y además empezamos a conocer de cerca todo lo de la radio y su impacto en las comunidades, aprendiendo así a manejar la información con responsabilidad y con sentido crítico.

En Paulinas se fue dando el proceso y su acompañamiento fue decisivo, de las reuniones salían conclusiones positivas e ideas innovadoras que nos fueron uniendo en torno al proyecto.

El Diplomado en Radio Escolar, de la Universidad Minuto de Dios, fue una oportunidad invaluable para seguir aprendiendo y afianzar lo visto, sintiendo el compromiso con la comunidad escolar de multiplicar lo aprendido, a pesar de los inconvenientes que a diario se presentan; de gestionar para que la emisora tenga los equipos y el material necesario y poder realizar trabajos de producción en el que estudiantes y docentes vean reflejada su labor."

A lo largo de los años, la emisora ha podido realizar productos radiales en colaboración con otros organismos, de esta experiencia resalta que "fue una oportunidad para reflexionar sobre las posibilidades ciudadanas comunitarias del uso y apropiación del medio radial, aprovechando las emisiones de una manera crítica y propositiva, combinando la teoría con la práctica de una manera interactiva, dinámica y creativa. En general, gracias a todo lo anterior nos proyectaremos con fuerza en una sociedad que necesita cambios profundos a todo nivel, en especial en la parte del tejido humano".

Al ser consultada sobre el mayor logro de la emisora CEDAN JMT, responde que ha sido el que los estudiantes elaboren por sí mismos los libretos basados en la realidad que los rodea y propongan alternativas ante los conflictos que plantean. Esto les va haciendo tomar conciencia de la importancia de ser sujetos activos dentro de una sociedad que ve y siente de cerca una problemática, pero que también propone y da sugerencias para mejorar. Y qué mejor forma de hacerlo que por el medio radial, donde el lenguaje proporciona elementos creativos para llegar con fuerza a los ambientes y transformarlos.

Para la profesora Luz del Carmen Prada, encargada de la emisora en la jornada de la tarde, lo importante es demostrar que estar en una emisora no es solo tomar un micrófono, y aprovechar el poder de difusión que ofrece, participar de la emisora escolar es dar la oportunidad a los estudiantes de ser líderes de opinión como lo han sido nuestros estudiantes, y que el poder de la palabra y la opinión son el engranaje que mueve el mundo para generar proyectos de vida y hoy se comprueba en los proyectos de vida que ha generado la emisora.

El profesor Juan Manuel Ojeda, llega a la emisora por invitación de la profesora Esperanza durante el periodo de 2000 a 2005 en la jornada de la tarde, confirmo que al iniciar este proyecto se hicieron muchos trabajos de capacitación tanto técnicos como en lenguajes radiofónicos, haciendo dramatizados, programas musicales y noticieros.

Destaco que para él, lo más interesante del proceso fue " aprender a hacer las producciones, se tomaba un tema de interés y lo dramatizábamos, por ejemplo "el estudio es para los brutos" acerca de la ley 230 haciendo alusión sobre como estudiar o no estudiar daba lo mismo porque tanto el vago como el estudioso pasaban cobijados por la ley", enfatizando que no era un proceso improvisado " se elaboraban libretos, se ensayaba, se creaba una caracterización para cada personaje y al final se grababa el dramatizado al tener la certeza de que todo estaba claro en el proceso".

A raíz de esto, fueron germinando los talentos de los muchachos en diferentes ámbitos, en dramaturgia, en locución, en investigación de información, en escritura etc. "Aunque a algunos los tuve que retar para que ellos mismos se dieran cuenta de lo que son capaces de hacer, aunque hoy en día los chicos son más abiertos, más francos y es más fácil interactuar con ellos" comenta el profesor.

Por último para Jairo Zambrano, profesor de matemáticas, a cargo del proyecto de prevención de desastres, cuenta que se vinculó al proceso por que pidió apoyo de la emisora para crear una cuña invitado a la recolección de implementos para la enfermería, y fue participe de su grabación, para él también fue una nueva experiencia que le dejo maravillado, "la emisora crea un espacio de aprendizaje para nosotros como profesores, pues para mí fue muy grato entrar a grabar a un estudio, y disfrutar de esta nueva experiencia".

Proyecciones

En este punto es de vital importancia destacar que reconocer la historia, los pasos seguidos, permite conocer con mayor claridad lo que se quiere para el futuro, ése es el objetivo de entender la trayectoria de la emisora. Así que, aprovechando la reunión, se realizaron diferentes grupos de discusión para que entre todos los participantes proyectaran el futuro de la emisora, se reunieron cuatro grupos de discusión en torno a los aprendizajes que obtuvieron de su paso por un medio de comunicación escolar, así como los aspectos a mejorar y los aportes que cada uno podría hacer desde su experiencia para mejorar el proceso de CEDAN JMT.

Enseñanzas:
Respecto a los temas más significativos, las mesas de trabajo señalaron el crecimiento personal que les había dejado esta experiencia a los estudiantes, destacando la capacidad de liderazgo, la persistencia, la amistad y el trabajo en equipo.

También mencionaron la experiencia de grabar cuñas, que les representó la oportunidad de ser reconocidos en la institución. Así como aspectos teóricos y técnicos que tienen que ver con aprender a hacer guiones y manejar los equipos, que les brindaron la oportunidad de crear y expresar sus ideas dentro y fuera de la institución.

Retos:
Compromiso y apoyo, son las dos palabras que unifican los aspectos a mejorar dentro de la emisora, identificados por los integrantes de la misma.

Compromiso, por parte de los integrantes de la emisora, por los profesores para que se involucren al proceso y claro está, por los estudiantes, quienes son los principales usuarios de este medio escolar.

Apoyo, sobretodo de parte de las directivas para que reconozcan este proceso como una parte fundamental dentro de la historia de la Institución Educativa y concedan apoyo en mejoras técnicas como el mantenimiento de los equipos.

Igualmente, los participantes manifestaron su deseo de crear una red de emisoras escolares para relacionarse con otros medios, con otras vivencias, para que el proceso no sólo se quede inmerso en la institución.

Propuestas:
A su vez, los ex alumnos proponen apoyar las capacitaciones como manera de retroalimentar el proceso y colaborar con la adecuación de la emisora, realizando el mantenimiento a los equipos.

Este ejercicio evidenció que hay una apropiación de los individuos participantes por el proyecto de CEDAN JMT, realmente el sentido de pertenencia es muy arraigado y fue un aspecto permanente en las mesas de trabajo.

Radio escolar: el reto de interpretar y transformar

El mayor aprendizaje que recibe esta experiencia es dejar en evidencia que los medios escolares de comunicación son una herramienta para potenciar las condiciones de desarrollo, tanto de las instituciones educativas como de los contextos en que éstas se encuentran inmersas.

Luego de esta experiencia pude constatar que este tipo de medios y procesos son necesarios dentro del contexto escolar, y que a partir de la radio surgen oportunidades de gran importancia, no sólo para el aprendizaje frente a la ciudadanía sino para que los estudiantes, las directivas y los profesores, establezcan lazos de mayor interacción en cuanto al diario vivir de la comunidad.

Debe entenderse que las instituciones educativas son mucho más que espacios de aprendizaje formal, la vivencia de la cotidianidad, de las relaciones interpersonales son otra fuente de aprendizaje que no debe ser dejada a la deriva, también debe ser liderada y acompañada por directivas y profesores dentro de la institución.

Desde la experiencia, con la campaña "Mos-k con el koco", pudimos crear una estrategia más allá de la emisora, encontramos que con el apoyo de los gestores ambientales, los profesores de ciencias y los profesores de primaria se abordo la interdisciplinariedad, de acuerdo con Marcos González:

> "La interdisciplinaridad no puede tratarse como un método sino como una forma estratégica de abordar el conocimiento, el cual a medida que avanza debe inventar senderos, tomar caminos no conocidos en la búsqueda de resolver dificultades, recurrir a otras disciplinas de las cuales no se tomaba en un principio su aporte de tal manera que la interdisciplinariedad es el lugar geométrico donde se manifiestan el conjunto de sus estrategias" (González, 2008, p.141).

El valor de esta campaña es que más allá de un proceso formativo, se logró una movilización, e incluso, se generaron nuevas propuestas y acciones frente a este tema. Citando nuevamente a González (2008) cuando expone que "el aprendizaje de la cultura ciudadana debe estar estrechamente asociado a la situación concreta que vive el alumno" (p.142) y que éste se presenta como el contexto adecuado para que los sujetos sociales transformen al mundo y asimismo, se transformen ellos.

Lograr que otros profesores se unieran a la campaña, fue otro aporte importante al proceso, teniendo en cuenta la carga académica de los profesores, fue satisfactorio para los integrantes de la emisora evidenciar que recibían el apoyo de otros profesores para llevar a buen término la campaña, como lo plantea Bárcena:

> "Potenciar desde lo pedagógico las actuaciones de los maestros, significa deconstruir los discursos disciplinadores y tecnicistas que los sitúan como reproductores de órdenes y prácticas; del mismo modo, significa propiciar rupturas con las prescripciones permanentes que les formulan en relación con lo que deben hacer. Los maestros se encuentran cada vez más sobrecargados de responsabilidades educativas, dentro de un contexto social que no siempre les acompaña y donde perciben que se ha incrementado tanto la falta de acuerdo acerca de las finalidades educativas como la incertidumbre desde las cuales se realiza su práctica pedagógica" (Bárcena, 2005, p.31).

A los profesores de otras áreas les gustó la campaña, les pareció llamativo el nombre y el hecho de que fuera propuesta desde la emisora, de este modo derribamos aquel discurso de que los jóvenes   son irresponsables o no son sujetos participantes, como lo explica Pérez Islas :

> "Lo joven adquiere desde la institución, un estatus de indefinición y de subordinación; a los jóvenes se les prepara, se les forma, se les recluye, se les castiga y, pocas veces, se les reconoce como otro. En el mejor de los casos, se los concibe como sujetos sujetados, con posibilidades de tomar algunas decisiones, pero no todas; con capacidad de consumir pero no de producir, con potencialidades para el futuro pero no para el presente" (Pérez Islas, 2000,p 311).

En sintonía con lo anterior, para los estudiantes el proceso fue motivante, no solo por la experiencia de trabajar en un estudio de grabación sino por demostrar que más allá de las aulas, pueden ser agentes sociales, y en esta ocasión no sólo actores sociales, sino protagonistas de esta transformación.

Además crearon audiencias activas al implicar al resto de la comunidad, durante el proceso algo que el grupo de la emisora no pensaba lograr, al ser indagados por cómo iba la campaña dos semanas después del lanzamiento Alejandra, estudiante vinculada a la emisora contestó con cierto asombro "pues *sí ha servido, en mi curso un compañero estaba votando un papel al suelo y otro se acercó a decirle que no lo hiciera, porque ese era el elemento que estábamos apadrinando*".

El asombro radicaba en lo vivido días antes de iniciar la campaña, cuando al poner las carteleras de expectativa en diferentes lugares del colegio, otros estudiantes las rompieron o escribieron encima.

Lograr que esa audiencia que al principio de año no daba importancia a la emisora ni a este tipo de temas y se mostrara tan desinteresada por los procesos fue un gran paso, no sólo en el presente, sino para las actividades que el grupo de CEDAN JMT quiera emprender a futuro, dado que ya hay una muestra del poder de movilización que tiene la emisora y un primer precedente de audiencia participativa.

Una experiencia de múltiples aprendizajes

Más que una actividad académica investigativa representó una labor de diversos aprendizajes tanto en lo profesional como en lo personal. La oportunidad de relacionar la teoría con la práctica al aplicar la relación de comunicación y educación, y vivenciar la importancia de los procesos de comunicación nacidos en la comunidad académica trascienden los medios escolares, que en términos prácticos son facilitadores de la acción comunicativa pero no son su única expresión. Es decir, lo importante no son los medios sino lo procesos y resultados que se pueden emprender a través de ellos.

El fortalecimiento de los procesos comunicativos en la IED Antonio Nariño, dentro de la radio escolar ofrece la posibilidad de pensar la ciudadanía desde los ámbitos político y cultural, donde los estudiantes vinculados al proceso se convierten en protagonistas sociales y líderes dentro de su comunidad. Asimismo, esta experiencia trascendió de su espacio físico original, el colegio, y ocupó otros espacios simbólicos, debido a que influyó en la vida de los participantes y la de sus familias, lo que les permite empoderarse de estos espacios y entender la importancia de la libre expresión.

Con las memorias, se evidencia como un medio escolar traspasa las temporalidades, esta actividad nos llevó desde la transformación del presente hacia el reconocimiento del pasado y desde allí permitió una proyección en busca de intereses tanto individuales como colectivos, primando los últimos porque los estudiantes no sólo visibilizaron sus derechos sino que contribuyeron desde sus deberes, apropiándose de las prácticas en un proceso de comunicación escolar. De esta manera se van creando procesos comunicativos desde la libertad, el respeto, la tolerancia, y los estudiantes implicados van desarrollando habilidades y competencias para la resolución de conflictos y el liderazgo en la sociedad.

En definitiva, se comprobó que los estudiantes también pueden ser protagonistas sociales y liderar campañas y procesos de transformación si son apoyados y reconocidos dentro de su institución. Los profesores también realizan un papel muy importante al comprometerse con los proyectos y apostar por su continuidad. En esta experiencia se contó con el apoyo de directivos y profesores, que confían en los estudiantes, estimulan su creatividad y los alientan para que sean propositivos dentro de su paso por el colegio, sí se logra estimular a profesores de otras instituciones educativas ya sea públicas o privadas, se harán grandes aportes desde los medios de comunicación escolar tanto en el escenario en el que se encuentra inmerso como a nivel social, puesto que estos procesos si bien impactan en el ámbito escolar, trasciende en sus enseñanzas influyendo en la vida de los sujetos participes del proceso.

Otra gran enseñanza, fue la exaltación de lo lúdico, desarrollando nuevos lenguajes y formatos en la creación de aprendizajes, siendo la comunicación un proceso dialógico y dinámico que nos permite traspasar las temporalidades. Sé logró no sólo una formación técnica sino dirigida a reflexionar sobre sus prácticas, estimulando la producción cultural y la generación de conocimientos y aprendizajes, que fortalecieron los tejidos sociales de la comunidad educativa.

Por último, el cambio social debe ser consecuencia de enriquecer la educación a través del ejercicio comunicativo; este enriquecimiento comprende la articulación de la acción comunicativa, siendo la educación un proceso transformador, que llevó a los estudiantes de la emisora a reflexionar sobre sí mismos para comprender el ámbito escolar e influir dentro de su contexto impulsando a sus compañeros y profesores para que se incluyeran dentro del proceso.

Además se revaloro la ciudadanía y la participación, pues para los estudiantes ya no será el cumplimiento de unos códigos del manual escolar o la elección de un representante en el gobierno escolar, también implica la participación activa en la toma de decisiones y la importancia de una comunicación asertiva e inclusiva que sepa valorar el rol de cada persona.

Referencias Bibliográficas

* Barbero, J. (2003) *Reconfiguración comunicativa del saber y del narrar. La educación desde la comunicación*, Bogotá. Colombia: Editorial Norma

* Barcéna,F. *La educación como acontecimiento ético*. Barcelona: Papeles de Pedagogía. Paídos (2005) En   P. Ortega *La pedagogía Crítica: Reflexiones en torno a sus prácticas y sus desafíos*.   Revista   Pedagogía   y   saberes   # 31.Colombia.Universidad Pedagógica Nacional.

* Cajiao, F (1996) Atlántida: una aproximación al adolescente colombiano, *Nómadas* N° 4 Bogotá, Universidad Central

* Chaux ,E, Lleras, J & Velásquez. (2004). AM (Eds) *Competencias ciudadanas : de los estándares al aula: una propuesta de integración a las áreas académicas* Bogotá : Ministerio de Educación, Universidad de los Andes, Ediciones Uniandes,

* Cubides, H (2001*)* Gobierno escolar: cultura y conflicto político en la escuela Nómadas N° 15, Bogotá, Universidad Central.

* Ferrés, J Aparici R *et al* (2010) Educomunicación y cultura participativa.*Educación: más allá del 2.0* España Editorial Gedisa.

* González, M. (2009), Ciudadanía sociedad, cultura, educación Elementos Teóricos conceptuales. *Revista educación y ciudad* N° 17 Colombia IDEP

* Guerra, Juan Luis (1998) El Niágara en *Ni es lo mismo ni es igual* Bicicleta. En [CD] Miami Florida EU, Karen Records

* Herrera M, Pinilla A, Diaz C & Infante R (2005) *La construcción de cultura política en Colombia. Proyectos Hegemónicos y resistencias culturales*. Universidad Pedagógica Nacional. Colombia.

- Huergo,J.(2007) *Comunicación Educación: Itinerarios Transversales,* Comunicación y educación :trayectorias y abordajes. Universidad Central.

- Mejía, J Rodríguez G (2004). AM (Eds) *Competencias ciudadanas : de los estándares al aula: una propuesta de integración a las áreas académicas Capitulo dos: Dilemas morales.* Bogotá, Colombia. Ministerio de Educación, Universidad de los Andes ,Ediciones Uniandes,

- Melero N, (2011) *El paradigma crítico y los aportes de la investigación acción participativa en la transformación de la realidad social: un análisis desde las ciencias sociales.* Cuestiones Pedagógicas, 21 , Universidad de Sevilla. España

- Mendoza, G González, J (2016). *La reconstrucción del tejido social. Una apuesta por la paz.* México: CIAS

- Molina I, Moreno E, (2010) Observatorio De Medios Escolares En El Distrito Capital: Miradas Sobre El Quehacer Propio, *Revista Mediaciones Vol 8*, Núm 10. Uniminuto. Bogotá, Colombia.

- Ministerio de Educación (2004) *¿Qué son las competencias ciudadanas?* Recuperado de: https://www.mineducacion.gov.co/1621/article-87283.html

- Oliveira de, I. (2000) *La comunicación/educación como nuevo campo del conocimiento y el perfil de su profesional.* Comunicación y educación :trayectorias y abordajes . Bogotá Colombia. Universidad Central

- Orozco, G. (2010) Entre pantallas: nuevos roles comunicativos y educativos de los ciudadanos. Una aproximación desde la comunicación-educación. *Educomunicación más allá del 2.0.* Barcelona. España: Ed. Gedisa,

* Ortega, P (2009) *La pedagogía Crítica: Reflexiones en torno a sus prácticas y sus desafíos*. Revista Pedagogía y saberes # 31..Universidad Pedagógica Nacional.Colombia

* Pérez Islas, J. (2000). "Visiones y versiones Jóvenes, instituciones y políticas de juventud". En G. Medina Carrasco (comp.) *Aproximaciones a la diversidad juvenil*. México. El Colegio de México, pp. 311-341.

* Pombo R (1867) Rin Rin Renacuajo *Los cuentos de Rafael*,Colombia Ed Grabar Estudios

* Rocha , C. (2008) *Radio escolar, comunicación, conflictos y ciudadanía*, FCC colección de investigación . Uniminuto, Bogotá, Colombia

* Rocha, C Molina, I Moreno, E (2008)*Tejidos Urbanos*, FCC, Colección de investigación. Uniminuto, Bogotá, Colombia

* Simon, J. (2009) *Comunicar y comparar*. Revista Memoria y Sociedad # 27. Universidad Javeriana. Bogotá Colombia

* Sztompka, Piotr (1995), *Sociología del cambio social*. Madrid: Alianza Editorial.

* Valderrama, C (2010) *Ciudadanía y formación ciudadana en la sociedad de la información. Una aproximación desde la comunicación-educación*. Educomunicación más allá del 2.0. Barcelona, España: Ed. Gedisa.

Bibliografía

- García,N (1995) *Consumidores y ciudadanos*. México, Grijalbo

- Geertz, C (1989) La interpretación de las culturas. Barcelona,España Gedisa.

- Gumucio A (2001) *Haciendo Olas: Historias de Comunicación Participativa para el Cambio Social* Fundación Rockefeller

- Lind, G. (2007). La moral puede enseñarse. *Manual teórico-práctico de la formación moral y democrática*. México: Trillas.

- Zer: Revista de Estudios de Comunicación. Nov 2009, Vol. 14 Issue 27, p 295-318. 24p.

I want morebooks!

Buy your books fast and straightforward online - at one of the world's fastest growing online book stores! Environmentally sound due to Print-on-Demand technologies.

Buy your books online at

www.get-morebooks.com

¡Compre sus libros rápido y directo en internet, en una de las librerías en línea con mayor crecimiento en el mundo! Producción que protege el medio ambiente a través de las tecnologías de impresión bajo demanda.

Compre sus libros online en

www.morebooks.es

SIA OmniScriptum Publishing
Brivibas gatve 1 97
LV-103 9 Riga, Latvia
Telefax: +371 68620455

info@omniscriptum.com
www.omniscriptum.com

Printed by Books on Demand GmbH, Norderstedt / Germany